Laoithe Cumainn agus Dánta Eile

Cathal Ó Searcaigh

Laoithe Cumainn agus Dánta Eile

Ealaíontóir: Seán Ó Gaoithín

Laoithe Cumainn agus Dánta Eile

Foilsithe in 2020 ag
ARLEN HOUSE
42 Grange Abbey Road
Baldoyle
Baile Átha Cliath 13
Éire
Fón: 00 353 86 8360236
Ríomhphost: arlenhouse@gmail.com

978–1–85132–260–2, bog

Dáileoirí Idirnáisiúnta
SYRACUSE UNIVERSITY PRESS
621 Skytop Road, Suite 110
Syracuse
NY 13244–5290
USA
Fón: 315–443–5534/Facs: 315–443–5545
Ríomhphost: supress@syr.edu

Clóchur ¦ Arlen House

Saothar ealaíne na gclúdach ¦
Seán Ó Gaoithín

Tá Arlen House buíoch de
Chlár na Leabhar Gaeilge
agus d'Fhoras na Gaeilge

CLÁR

Brollach

I dtaca leis an litríocht aerach i nGaeilge, ní raibh d'eiseamláir agam agus mé ag toiseacht amach ach saothar Mhícheáil Mhic Liammóir. Bhí an ráfla i mbéal an phobail go raibh an t-aisteoir clúiteach seo 'an dóigh adaí' – an tseantuigbheáil Chonallach ar an té a raibh an claon aerach ann; bhí 'fear mór fear' agus 'fear tóna' acu fosta i ngnáthchaint na ndaoine agus is minic a chuala mé an seandream ag rá go raibh a leithéid seo de dhuine ina 'Shíle d'fhear' nó ina 'phiteachán'. San am sin, mar a bheifeá ag súil leis, náire shaolta a bhí ann in aigne an phobail an claon áirithe sin a bheith i nduine ar bith.

Bhí 'Na Cait', dán de chuid Mhic Liammóir, ar chúrsa na hArdteiste sna blianta a raibh mé i mo mhac léinn sinsearach i gCeardscoil Ghort a' Choirce. Cé nach raibh an dán seo ag déanamh maíomh rómhór ar bith as a bheith aerach, mhothaigh mé leideanna beaga ag teacht chugam i modh rúin; íogaireacht faoi choim a bhí ag gabháil i gcion orm. Mar is eol don tsaol mhór aithníonn *queer*óg *queer*óg eile agus bhí sé le léamh ar na línte fáilí seo, na línte folaigh seo as 'Na Cait':

Na fir seo ag breathnú orm
idir aimhreas agus fiosracht;
Na mná uaisle seo
ag cogar ar chúl a lámh

go raibh scéal rúin á insint aige don té a bhí aireach ar na leideanna agus eolach ar na nodanna. Agus ní raibh amhras ar bith ormsa ná gurb é a chlaon aerach a bhí le léamh as na línte sin.

Cheannaigh mé *Bláth agus Taibhse* (Sáirséal agus Dill, 1964), cnuasach a bhí láithreach le mo mhian agus a bhfuil tarraingt agam air riamh ó shin; cnuasach atá ar maos i meon, i mian agus i móitífeanna aeracha. Cé gur cuireadh athchló ar an chnuasach seo in 1967 is beag tábhacht a thugtar don tsaothar ceannródaíochta seo anois agus is tearc na tagairtí dó i measc mo chomhfhilí. 'Galántacht atá dearmadta ag an domhan' – sin na chéad fhocla i ndán tosaigh an chnuasaigh. B'fhíor dó ina chuid cainte. Faraor, is beag trácht ar shaothar Mhic Liammóir faoi láthair.

Ní raibh mé eolach ar shaothar Pearse Hutchinson go dtí 1973 tráth a dtáinig mé trasna ar *Faoistin Bhacach,* a chéad chnuasach i nGaeilge (an Clóchomhar, 1968). Ar nós Mhic Liammóir, fear taistil agus fear teangacha a bhí i bPearse fosta; file a bhí i dtiúin le saíocht litríochta na hEorpa agus le grian na Spáinne ach ina theannta sin bhí a mhéar aige ar chuisle chorrach an ama.

Chan ionann agus i mBéarla, bhí sé doiligh *role models* aeracha a aimsiú i nGaeilge ag an am sin ach, ar a laghad, bhí an bheirt acu seo ann. Ní hé gur labhair siad amach go neamhbhalbh sna leabhair atá luaite agam ach ag an am chéanna níor shéan siad a gclaonadh nádúrtha ach oiread.

Is mór agam a saothar agus an spreagadh a thug siad domh agus mé féin ag gabháil i gceann na filíochta. 'Beidh Éire fós ag Cáit Ní *Queer*' a dúirt mo sheanchara Gabriel Rosenstock liom blianta ó shin agus é ag tabhairt dóchais domh is dóiche. B'fhíor a chan mo bhráthair. Tá na dlíthe ag tacú linn anois, tá eagrais de gach cineál ann le gníomhú ar ár son. Faoi láthair fear aerach atá i dTaoiseach na tíre agus ní gá dó saol faoi cheilt a chleachtadh i dtaca lena chlaon gnéis. Tá sé ábalta a chéile fir a bheith in éineacht leis ag ócáidí móra Stáit agus níl aon ghá le scáth folaigh ar bith lena gcumann a cheilt. Nach iontach mar a thig an t-athrú!

Cé gur beag é go fóill tá borradh éigin faoin litríocht aerach i nGaeilge i láthair na huaire. Lena úrscéal, *Sna Fir* (Cló Iar-Chonnacht, 1999) chuir Micheál Ó Conghaile, duine de mhórúdair ár linne, an *Gay* Gaelach os ár gcomhair go cruinn cumasach, an chéad chuntas i bprós na Gaeilge ar fhear aerach. Níor tháinig aon úrscéal Gaeilge eile dena mhacasamhail ar an mhargadh go dtí gur foilsíodh saothar próis s'agam féin, *Teach an Gheafta* (Leabhar Breac, 2018). Faraor, is fada an t-achar ama idir an dá shaothar seo ach tá siad ann le huchtach a thabhairt daofasan atá ag teacht inár ndiaidh.

Is breá liom go bhfuil litríocht den chineál seo ag teacht chun cinn i nGáidhlig na hAlban fosta. Tá Christopher Whyte ag saothrú leis le fada, file a bhfuil ardmheas agam air, agus le cupla bliain tá Marcas Mac an Tuairneir ag teacht ar an fhód go bríomhar buacach mar fhile agus mar dhrámadóir.

I dtaca liom féin de, is dóigh liom gur ghlac mé leis go hóg i mo shaol gur i mbuachaillí a bhí mo spéis seachas i ngirseachaí agus nuair a bhí an cinneadh sin déanta agam thoisigh mé ag lorg leabharthaí a thug teanga don tost a thacht mo leithéidí. Chuir mé cineál de *Who's Who* de *Homos* i gceann a chéile. Léigh mé *The City and the Pillar* le Gore Vidal; *The Portrait of Dorian Gray* le Oscar Wilde; *Goodbye to Berlin* le Christopher Isherwood; *The Immoralist* le André Gide; *The Thief's Journal* le Jean Genet; *Death in Venice* le Thomas Mann; *Giovanni's Room* le James Baldwin; *Hindoo Holiday* le J.R. Ackerly; *Maurice* le E.M. Forster; *In Youth is Pleasure* le Denton Welch. Léigh mé cuid mhór filíochta fosta: *The Greek Anthology*, W.H. Auden, Walt

Whitman, C.P. Cavafy, Louis Cernuda, Catullus, Pasolini, Allen Ginsberg agus A.E. Houseman. Domhsa, bhí na saothair seo ar fad agus tuilleadh nach iad mar chlocha míle ar an Chosán Cham. Cha raibh mé liom féin – chuaigh go leor eile síos an tslí chasta cham chéanna seo romham. Bhí cuid acu seo ag cogarnaigh go ceanúil liom thar na cianta. Bhraith mé go raibh siad 'mo cheadú isteach i mbráithreachas na mBuachaillí Bána, mar a déarfá.

Ach amháin Mac Liammóir agus Hutchinson cha raibh an cineál seo scríbhneoireachta le fáil i nGaeilge agus ag an am ba bheag aird a bhí agam ar fhilíocht na mbard. Díobháil dearcaidh agus tuigbheála ba siocair leis sin. Ach nuair a fuair mé blas ar an fhilíocht chlasaiceach agus na meadarachtaí siollabacha sin, chuir an ornáidíocht go léir a bhain leo gliondar orm. Lena chois sin, b'aoibhinn liom an cumann ceana a bhíothas a mhaíomh a bhí idir an file agus an taoiseach. Ba mhór ag an fhile de réir seanghnás a chuaigh i bhfad siar a bheith ina fhear aonleapa, ina chéile cnis, mar a déarfá, ag an taoiseach.

Théigh mo chroí le hEochaidh Ó hEoghusa (1558–1612) de bharr na ndánta ceana a chum sé dá phátrún ionúin, Aodh Mac Uidhir, Tiarna Fhear Manach, agus ina dhiaidh sin do *Sir* Seán Ó Dochartaigh, taoiseach Inis Eoghain.

Deir James Carney agus scoláirí coimeádacha eile nach bhfuil sa téarmaíocht cheana seo atá le fáil go flúirseach i saothar Uí Eoghusa ach consaeit liteartha agus nach ceart dúinn breithiúnas a thabhairt air de réir mheon na haoise seo agus dearcadh an lae inniu. Ach is é mo bharúil féin gur chuir Eochaidh Ó hEoghusa cor cam sa Dán Díreach.

Tá dán a chum Domhnall Óg Mac Aodha Mhic Dhomhnaill Chaim Ó hUiginn do Thadhg Bhuidhe Ó hEadhra chomh *erotic* le rud ar bith atá sa *Greek Anthology*:

Cuimhnigh a-rís, a rosg mall,
an cairdeas is an command,

a chraobh Éile na gcladh gcam
ar dtol dá chéile condbham.

Ná tréigidh mheisi, a chiabh chlaon,
a Thaidhg Bhuidhe, a bhas bharrchaol,
mar bhudh neach aonuaire ionn
a dhreach bhraonuaine bhoigfhionn.

Taisgthear dhamhsa, a fhleasg Luighne,
do chogar, do chomhuirle,
go mbreith oroibh, a thaobh thais;
ná foghoibh aon am fhégmhais.

Tá an dán seo le fáil i Leabhar Uí Eadhra. Tá go leor de dhánta na mbard ag cur thar maoil le teas ceana, le baineandacht agus le boige. Níl mé ag iarraidh filíocht na bPiteog a dhéanamh as filíocht na mBard ach is dóigh liom i gcásanna áirithe go bhfuil an ghné sin le sonrú go soiléir sa tsaothar. B'fhéidir gurb é seo i ndáiríre mo chuid *role models* dúchasacha – na chéad Ghaeilgeoirí Aeracha Aontaithe.

Chum mé na dánta seo idir deireadh na Samhna 2018 agus tús an Mhárta, 2019. Ní raibh mé ag dréim ar chor ar bith leis an bhabhta tinfidh a bhuail mé go tobann ná ní raibh lá iomrá agam ar shraith den chineál seo a scríobh. Tháinig siad aniar aduaidh orm nó aníos as na duibheagáin. Bhí a bhfoirm, a bhfriotal agus a bhfonn féin leo ón tús agus ní raibh le déanamh agamsa i ndáiríre ach iad a shaoradh as an dorchadas agus iad a thabhairt chun solais ar an leathanach bhán. Ag an am chéanna, bhí siad ceanndána agus ceannasach agus siúráilte faoin méid a bhí le rá acu. Ba léir domh ón tús gurb é an grá macnasach, an dúil chollaí agus cumhaidh i ndiaidh na hóige a bhí á dtiomáint agus bhí siad cinnte faoin chineál véarsaíochta a d'fhóir dá nglóir is dá ngiodal. Lig mé leo. Ar baineadh geit éigin as cuisle na héigse a bhorr í is a chuir an t-oibriú seo uirthi? Níl de fhreagra agam ar an cheist sin ach an méid seo.

Bhí mé in Albain ar feadh seachtaine i gcaitheamh an fhómhair, 2018, ar camchuairt na nGarbhchríoch agus cheannaigh mé *Òg Mhadainn Shamhraidh* (Greentrax Recordings, 2006), ceirnín de chuid Kathleen MacInnes, amhránaí a bhfuil meas an domhain agam uirthi. Bhí amhrán amháin ar an cheirnín darbh ainm 'Òganach an Òrfhuilt Bhuídhe' agus ní thiocfadh liom é a chur as mo chloigeann, an fonn, na focla agus guth binn fíorchaoin álainn Kathleen MacInnes. Ar feadh míosa bhí mé faoi gheasa an amhráin seo, á sheinnt arís agus arís eile agus é ag breith orm níos mó le gach éisteacht amhail is go raibh fuil, feoil agus féith ag freagairt don cheol sí seo. Tá mé den bharúil gur sin an rud a spreag mé is a chuir fuadar na cumadóireachta faom. Ach cá bhfios cá háit as a dtig flosc fómhair na filíochta? As cuisle na héigse, as buile na haigne, as gaois na gréine. Níl a fhios agam a dhath ach seo: nuair a thig an bíogadh, an gheit dhiaga, rothlaím leis na réaltaí mar atá ráite ag Pablo Neruda agus sceitheann mo chroí ar an aer.

Cathal Ó Searcaigh
Mín a' Leá

Do Mhághnus Ó Domhnaill

A Mhághnuis Mhóir na leabhar is na ndán,
a bhaird uaibhrigh na seirce,
le do bhriathra aclaí lán de stuaim
mheall tú iníon aigeanta an Ghearaltaigh.

I mbéas is i mbéim, i meon is i mothú
d'úsáid tú teanga chnuasaithe na n-uasal,
gach siolla oilte i gcúirt na héigse
le gabháil chun siúil ag déanamh cúise.

Is cé nach róchaoin a bhí do rése,
an saol Fódlach ag bruíon le chéile,
choinnigh tú an míneadas i do dhán,
an mheanmna líofa is lúth na céille.

A thaoisigh an léinn, a leannáin na bé,
cúig chéad bliain ó ré do dháin
tá file eile a shantaíonn do réim,
d'eagna chinn agus béascna do phinn.

LAOITHE CUMAINN

i

A óganaigh an órfhoilt bhuí
a mbíodh lí na gréine i do ghruaidh,
is tú is túisce a spreag mo dhúil
is a chuir mé ag déanamh uabhair.

Chuir mé dúil i do leiceann bhláith
is i ngach ball de do cholainn álainn
is thug mé buanaíocht duit i ndán
nuair a chan mé d'áilleacht is d'intinn ghrinn.

An óige fhionn is broid na colainne
a chuireann fíoch ar fud na féithe.
Scéimh nach maireann a mheallann mé,
an luisne dhiaga i gcorp na cré.

ii

Ar do shonsa, a chumainn ghilóig,
rachainn thar gach cuing agus teorainn;
masla clainne, míchliú na ndaoine,
aon ní ach a bheith i do bhaclainn.

Is ní ag déanamh imní a bheinn
faoi mhairgí móra an tsaoil,
faoi chogadh agus chreach, ghorta agus phláigh,
agus mé leatsa i bhfuil agus i bhfeoil.

Is cé nach bhfuil buaine ar bith
i scéimh na hóige, ina luisne ná a haoibh,
níl casadh gréine, níl éirí gealaí,
nach móróinn d'aghaidh is d'intinn chaomh.

iii

Cuimhneoidh mé ar an lá sin go brách,
boladh na raideoige ar an chosán go hAltán,
tusa le mo thaobh, aoibh na hóige ort,
is amhrán an tsrutháin ár dtionlacan sa chaorán.

iv

Ní fhaca mé is ní fheicfidh go deo
a leithéid d'áilleacht in aon duine beo.
Do sciamh ró-álainn is d'intinn ard,
fadó tharraingeodh siad aird na mbard.

Ach cionn is nach mise duine díobh siúd,
Mághnus ná Fearghal Óg ná Aonghus,
níl ar mo chumas d'áilleacht a laoidheadh
le húdarás ná le dlús na bairdne.

Ach ba mhaith liom a dhearbhú duitse i ndán
cé gur dealbh é i gcló is i gcruth,
gur tusa is áille d'fheara Fáil
is gur sheol tú mo réasún le sruth.

v

Gaol na hintinne is gaol na colainne
ach iad a bheith i dtiúin le chéile,
nach againn a bheadh an caidreamh dlúth,
croí agus cloigeann ag déanamh féile.

Ach i dtólamh tig an taom teasbhaigh,
an dúil bhuile i bhfuil is i bhfeoil
is scuabtar chun siúil an toil anabaí,
níl cúl le coinneáil ar chraos na colla.

An sin a bhfuil de chumann eadrainn,
an cholainn umhal is fuadar teasbhaigh?
Is braithim uaim comhluadar an chinn,
an intinn ábalta agus spleodar tuigbheála.

vi

Shíl mé a mhór duit, a óigfhir dhil,
do choiscéim siúil is do bhriathra breátha,
cé acu amuigh ansiúd idir mín agus fraoch
nó ag siúl linn féin fá bhruach na trá.

Le d'éadan álainn faoi ghnaoi na hóige
is do shúile gorma mar uisce fómhair;
bhí rith an tsrutha i mboige do ghutha,
is foghar na gaoithe i rosc do gháire.

Agus is mór mo dhíomá nach dtug mé grá,
an grá a shnaidhmfeadh muid go teann,
an cleamhnas teasaí ab áil leat féin
ar uaigneas gealaí faoi scáth na gcrann.

vii

Umhla agus dílse tugaim duitse, a chroí,
dílse na colainne, gach ball agus géag.
Tusa a rialaíonn mo cheann is mo chéadfaí,
leatsa na críocha seo anois is go héag.

Is tusa an tiarna dár dual domh géilleadh,
laoch na leapa, mo ghaiscíoch is mo bhile;
Ó m'uile chroí, bheirim duitse mo sheirbhís,
Is bhéarfaidh, a ghile, a thréan oiread eile.

Tusa amháin atá i dteideal mo ghrá,
a thiarna na seirce, a phrionsa na bpóg;
agatsa atá an barántas anois is go brách
ar chneas, ar chnámh agus ar chorróg.

viii

Inniu tá tú faoi aoibh agus bhrí na hóige
ag maíomh asat féin go sotalach tréan,
do dhéad geal bán, do ghéag gan teimheal,
ach i gcorp na cré níl buaine, mo léan!

Is tiocfaidh an dreo le sceo na mblian
óir meileann an t-am maise is méin;
an sciamh gan smál imeoidh ar ball
is fágfar thú lom i do láthair féin.

ix

Ó, na tráthnónta rothaíochta úd fadó
siar chuig na pioctúirí i nGaoth Dobhair;
an chaint thíriúil is an caidreamh dlúth,
is na cnoic faoi dhealramh óir an fhómhair.

Is na Domhantaí coisíochta ar an tsliabh
ag baint pléisiúir as cuideachta a chéile,
i gclúideacha uaigneacha agus i dtulacha rúin
a bhí, dar linn, ar thairseach an tsaoil eile.

Is na hoícheanta grá anseo i Mín a' Leá
is muid ag tarraingt go tréan as tobar na huile;
gealach i do shúile, grian i do bhriathra,
is muid beirt ag cuisliú leis na ceithre dúile.

x

Éirim aigne, a mhian, is intleacht ard,
ann nó as iad, is róchuma liom anocht.
Ar uair na buile níl uaim ach sásamh,
liúbhéic phléisiúir, glam is gnúsacht.

xi

Inniu tá sé faoi ghnaoi is faoi aoibh na hóige,
amárach imeoidh an snua as a ghruaidh.
Níl seasamh ar bith i gcneas na cré,
mairg a chás is é ag cailleadh a ghné.

xii

Bhí an mí-ádh ag siúl leat gan staonadh,
bás agus dólás ar lámh leat i dtólamh;
amhgar agus anás ó chéadbhéic na beatha
is shíl tú gur mise an t-aer is an talamh.

Is chaill tú a raibh agat lá úd an uafáis,
teach agus teaghlach i bhfaiteadh na súl.
Imithe sa chreach ina gconamar cnámh,
is shíl tú gur mise do chosaint is do chúl.

Is anois níl ionat ach fuílleach na gcnámh
imithe ó dhealramh sa mhórchríoch fholamh,
agus is é mo mhí-ádh nach dtig liom a rá leat
gur tusa, a ghrá, an t-aer is an talamh.

xiii

Ar an uair annamh go bhfeicim thú,
cuil agus stuaic agus lasadh feirge
is minic a tchím i dtiontú do ghnúise
atá chomh duairc inniu le spuaic creige.

Ach gí dealbh inniu do chló is do chruth
bhí lá ann gur tú ab áille ar an bhaile,
tráth nach raibh dul ag duine ar bith eadrainn
ach an bheirt againn dílis is dlúth dá chéile.

Ach sin sular thit buille béime an olcais,
an buille a scar sinn, baothfhocal an imris
a chuir ár gcumann ó chruth, ár gcairdeas ó chuma
is a d'fhág mise agus tusa ag déanamh uaignis anois.

xiv

A fhir álainn aneas a bhfuil urradh úrghlas
i do chnámha is urlabhra an duilliúir faoi scáth
i do bhriathra, tá gach meas dá bhfuil ag fás
ag teacht chun toraidh anois i bhfómhar do ghrá.

Tá d'fhéile ag teacht ó thorthúlacht na talún,
do chaoine ó bhoige an chaonaigh, do dhóchas
ó spideog uchtdhearg an gheimhridh, do réasún
ó sholas úrghlan na gcnoc a bheannaíonn do dhoras.

Is guím nach ndruideann tú do chroí i mo choinne –
an tearmann ina bhfuil gach ní faoi chraobh is ag bláthú –
ach déan mé a shíolrú i gcréafóg do cholainne
is idir rútaí do bhaclainne, teann mé go dlúth.

XV

Ach gurb é an spré solais seo i spéir ghlé do shúile
ní bheinnse ag déanamh aoibhnis gach uile oíche
as an chaor aduaidh a spréachann chugam, a chuisle,
is a fhágann dreach na gile ar chroí seo na baoithe.

Ach gurb é a bhfuil i dtaiscidh i gcréafóg do cholainne
ní bheinnse ar aistear anois i gcríocha na Bablóine
agus ar fud fad na hAsáire, óir is ionatsa an áit choinne
ina dtigim ar m'fhírinne bhunaidh, mo chineál is mo chine.

Ach gurb é do phóg thintrí a fhágann mé sa Ghlóir
ní bheinnse ag siúl sa tsíoraíocht, amuigh ansiúd sa Spás
idir an Mhaighdean is an Tarbh, áit a mbíonn an Eagna Chóir
ag suirí leis an tSolas is ag déanamh aithrí as an Bhás.

xvi

Chan inniu nó inné a tháinig tú i gcruth is i ngné.
Tá tú anseo ó tháinig céadspréach na beatha
ag síolrú ó na spéartha, ag spreagadh na cré
is á cur ag eagnaíocht go tréan ar a cúrsa reatha.

Is bhí gné éigin duit beo is ag beathú ó ré go ré
i gcuisle uisce, i gcolainn crainn, i gcréafóg,
is an solas seo a thig ó do shúile, ar gineadh é
ar phláinéad a chuaigh in éag nó ar réaltóg?

Bhí tú ann ó chianaibh, a chroí, is beidh go síor,
dúil de dhúile iomadúla na cruinne seo.
Thug tú leat gaois na n-aoiseanna go dílis fíor,
d'uaisligh tú an briathar is bhronn orm é, dúisithe, beo.

xvii

Tá ualach na beatha trom a dhóthain, an bealach
doiligh, an cúrsa doiléir, gan meáchan do léin,
an paca tubaisteach, a bheith ar iompar leat
síos agus suas gan staonadh, do mhartrú féin.

Fág inné i do dhiaidh. Féach, tá amárach, an bealach
geal gan smál ag síneadh uait is gealladh faoi,
ach níos fearr fós an uain bheo seo, an bomaite reatha
ina bhfuil acmhainn uile na beatha. Sealbhaigh é, a chroí!

xviii

Dá mba dhual do na baird a bheith ina mbeatha,
Fear Flatha Ó Gnímh, abraimis, nó Feargal Óg,
d'éisteoinn lena gcomhrá mínmhaiseach, spreagtha;
an aicearracht chainte is an iomarbhá rógánta.

Is thabharfainn cluas do dhásacht ársa a ngairme,
do rannaíocht mhór na ceanndánachta, do shéadna
an tsotail, do dheibhí scaoilte na soibealtachta,
ag súil go bpiocfainn suas an mheadaracht chéanna.

Is cá bhfios nach gceapfainn léire is gliceas a ngnó
ó chomhardadh feasa na bhfocal is ó fhriotal iorónta
a gcaidrimh ionas go dtiocfadh liom tusa a aoradh go fónta
i dteanga chomh searbh le nimhlus is chomh milis le cnó.

xix

Siúlaim sliabhraon do dhroma ó do dhá shlinneán
ar na hAchlaí go dtí an Mhucais Mhór i do mhásaí.
Gach mullach agus tulach ó Earagail uasal do chinn
go Malaidh Ghleann Domhain do chléibh is do bhrollaigh.

Is i nDuibhlinn dearcaim thar bhinn aoibhinn do ghualainne
is tchím féaraí sléibhe is lagracha foscaidh do cholainne,
ó Ghleann Bheithe d'ascaille go Dún Lúiche do bhléine
is níl fód den tír seo nach n-altaím le mo phóga gréine.

Is níl suí rí níos deise ná an spinc ghlórmhar seo, a chroí,
ag scairbh na gcos. Seo mo stacán spéire, mo ghallán cnoic,
óna bhfeicim taobh tíre beo an tsléibhe; pluais an tsionnaigh
i bpoll an imleacáin agus i gclais na raithní, prochlais an bhroic.

XX

Do shúile liathghlasa aigéanacha ina n-éiríonn gach lá
stoirmeacha fíochmhara mara a spreagann mé,
a scanraíonn mé; lasracha feirge, anfa éada,
a fhágann mé gach oíche i mbarr mo chéille.

Do shúile donna duibheagánacha ina bhfeicim anois,
longbhriseadh mo dhóchais i bhfochais d'imrisc
is tú ag féachaint orm go diúltach, tonn bháite
do bhriathra ag teacht chugam go giorraisc.

Do shúile suaite mórmhara ina dtéim ó threo
caite ar an domhan seo i bhfad ó dhídean cuain,
caillte ar fharraige cuthaigh is feirge, a chroí,
gan bhaoi, gan tinidh rabhaidh, gan leabaidh ancaire an tsuain.

xxi

Is cuimhneach liom tráthnóna fómhair fadó
is na criocaird ag sníomh go gníomhach géar
dhá sholas an lae ina ghréasán chorcra chrón
is a spréadh os ár gcionn i gclúid an fhéir.

Is blaisim as a úire an boladh cumhra úd
a chuaigh as mo chuimhne séasúr ar shéasúr,
an túis thalmhaí a d'éirigh ó do chuid éadaigh;
boladh beannaithe an bhóithigh is an bhainne úir.

xxii

A Shomhairle, is aoibhinn liom mian do dháin,
an mheanmna uasal agus éileamh na fola;
íogaireacht an léinn agus faobhar na colla,
mheas tú an focal go cruinn is tá meas ar d'fhocla.

Bhí do bháidh i dtólamh le bocht agus le dearóil,
le soiscéal Mharx agus le Sóivéid Lenin;
is cháin tú go tréan an doirteadh fola
is daoradh na milliún a d'ordaigh Stalin.

Iadsan a raibh tú i ngrá leo, chan tú iad go hard
le ceol mór do dháin; Eimhir álainn na hÉireann
agus ise i nDún Éideann a ghoill ort go smior
lena colainn chreachta agus a héadan álainn.

Is shuigh tú iad go brách i gcúirt na hardchéime
le mná cinniúnacha na héigse; le Marian, an té
a chráigh an croí ag Uilliam Ross; le Héilin léanmhar
na Traoi agus leis an bhé a d'fhág Blok faoi chian lena ré.

xxiii

Amhail is dá mbeifeá ag snoí is ag cur snasa
i liaga lómhara, ghearr tusa do dhánta grá
as diamant na Gáidhlig go glémhaiseach paiseanta
ionas go mbeidís ina spré solais anois is go brách.

xxiv

Breacadh an lae is túisce a tchím i do shúile,
an spéir iontu ag gealadh chugam go lách;
ansin éiríonn grian do gháire ó scáth na bpiliúr
is líontar mo chroí le ceolta éan do ghutha, a ghrá.

XXV

Is aoibhinn liom do chuideachta, a óigfhir álainn,
do cholainn chnódhonn chumtha is d'intinn ghrinn,
do chomhrá spreagtha is do dhásacht leapan,
ach fós féin cuimhním ar an fhear úd in Éirinn.

An fear úd in Éirinn! B'eisean mo chéadghrá,
féith agus fáth mo dháin i dtús mo ré, mo spreagadh
lae is mo thinfeadh oíche, is cé gur fada ár ngrá ar lár,
fós féin cuireann sé mo chroí ag preabadh.

Is, a chumainn iasachta, is breá liom do chuideachta,
do ghnása ársa agus do dhásacht i ngrá;
is anocht, a mhic mhuirnigh, teann isteach liom go docht
is an fear úd in Éirinn dearmadaim é go lá.

xxvi

A bhaird chroíchráite, chuir tusa do ghrá faoi lionsa ghéar
na hintleachta, scag tú go mion a mhaise is a mhéin,
a ghile chaslúbach agus léire gréine a scéimhe,
is chuir tú an grá ó chinneadh ort féin.

Is dá mbeinnse le scagadh a dhéanamh ortsa, a ghrá,
le géire na céille is le fiúir an réasúin,
an aimseoinn aon ghrá de do nádúir, de do mheabhair,
an mbeinn ábalta méar a chur ar do mhéin rúin,

Ar adhamh amháin d'aigne, ar mhóilín de do mhianta?
An bhfaighinn go fiú cuid an bheagáin de do mhothú,
do mheanmna; blas éigin, cá bhfios, de do choinsias
nó an gcuirfinn thú go huile ó aithne is ó dhealramh.

I ndiaidh gach gné a chur faoi lann, faoi lionsa,
a mhionscrúdú, a dhianscagadh, a mhionú;
i ndiaidh an spiorad uaibhreach ionat a dhíchollú,
an mbeinn a dhath níos eolaí ar d'fhíornádúir?

Ransú gan toradh a bheadh ann, saothar amú.
Chan scagleannán a theastaíonn uaim, a chroí,
ach tusa in iomlán do chumais, te teasaí téagartha,
agus tú ag fáisceadh an tochta seo asam go groí.

xxvii

Caidé is fiú na dánta seo is an domhan ar daoraidh,
an saol i mbaol is mise meallta le focla;
an daonlathas ag scaradh leis an daonnacht,
is tíorántachtaí ag teacht i dtír ar eagla?

Seo mise ag laoidheadh mo ghrá go hard na spéire
amhail is nach bhfuil a dhath eile ar m'aire –
na milliúin in Éimin ag éamh leis an ocras
is náisiún na Rohinga á chéasadh gan trócaire?

xxviii

Mar gheantraí a sheinnfidh is an long ag dul faoi,
seo mise ag canadh go séiseach socair binn
sa teangaidh bheag seo atá balbh i mbéal na stoirme
is tonn díleann an oilc ag éirí chugainn.

xxix

A bhuachaillí ionúine, beirigí ar bhur bpléisiúir
is teannaigí le chéile go teasaí óir is baol
nach bhfuil saol ar bith eile a shásóidh bhur gcéadfaí
is sibh ag déanamh cré i measc na ndaol.

XXX

Rachainn leatsa go hura na beatha, a mhuirnín bháin,
is níos faide, dá mba ghá, go húir an bháis;
nó gan tusa le m'ais níl gile ar bith i mo dhán
is ní thuirlingíonn na haingle i bhfeis máis.

xxxi

A óigfhir fhionn, sheangálainn, lách,
chuir tú ding an ghrá go dian i mo bheo,
is d'fhág tú scoilt is crá idir ceann is croí,
mo chiall faoi chian is mo thriall gan treo.

A mhuirnín bháin, is truacánta an cás é seo
bheith dulta i ngrá is gan fuascailt i ndán;
do gháire croíúil is do chomhrá ciúin
ní leor iad, a chuid, le mé a thabhairt slán.

Is beag nach sciobfainn liom thú ó dhroim na talún,
a mhachaoimh aoibhinn, a dhúil gan fháil;
is thabharfainn grá fíochmhar duit is ómós buan
nach bhfaighfeá go brách ó na mná i do dháil.

xxxii

Tá tír fo-thoinn ina shúile, aigéan dúghorm
domhain ina smaointe, teangacha glasa na trá
ina chuid cainte, suaitheadh na dtonn ag borradh
i ngile a gháire is i bhfarraigí arda a ghrá.

Agus amanta tig fronta te ag séideadh isteach
ó mhórmhuir a mhianta, spraisteacha geala a anála
ag éirí go deas i gcamas a bhéil agus i mbruth
a bhriathra agus nuair a éiríonn sé chugam ina ghála,

Ó dhá ros scoite a chos, an tuile ina cúr
gheal cuthaigh ag líonadh inbhear a dhúile,
sin an uair a thig an t-oibriú pléisiúrtha seo
i mo chéadfaí is téim sa tsáile de léim buile.

xxxiii

Bhí do dháimh i gcónaí leis na mná
le sólás baineann a gcolainne,
le míneadas a n-aigne, lena dteas ceana,
d'fhág sin ár ngaol ina chúis chointinne,

Fiabhras agus friotal, tocht agus tinfeadh,
thíolaic tú domhsa gan staonadh, a ghrá,
achan lá ba tusa a spreag mo dhán
agus na seacht gcineálacha crá.

Ba tusa mo ghrá, mo chuid bheag den tsaol,
ach theastaigh uaitse broinn na mná
le síol na giniúna a chur i gclais na beatha,
is ní shíolródh uaimse ach dánta grá.

xxxiv

A ógánaigh an órfhoilt bhuí
nach trua gan mé agus tú, a stór,
ag siúl linn féin sna mínte fraoigh
is ag déanamh spóirt faoin Achla Mhór ?

B'álainn do chló, a óigfhir chaoimh,
gríos na gréine i lí do ghruaidh'
is tú sínte go sochmaidh le mo thaobh
ar mhalaidh réidh an tSléibhe Ruaidh.

Ag siúl na ngleann is ag dreapadh beann,
ag déanamh pléisiúir go haclaí teann
ar leabaidh mhín i measc na dtom
is muid ag tabhairt ár ngrá i gcrann.

XXXV

Tá clogad cogaidh ar chloigeann mo ghrá is é sa choill
ag leagan crann. Féach, mo mhacaomh teann,
ina veiste bhuí, a lúireach catha, agus é ag déanamh
a ghníomhartha gaisce i measc na gcrann.

Is beag nach gcreidim gur seo ógánach ón tseanré
a tchím os mo choinne, leannán na suadh
agus searc na laoch! Charmides nó Corydon
nó gasúr úd na hEamhna a chloígh an cú.

Is, a churaidh óig shnuaghlain, ghrualasta, tchím dusta
gréine, an luan laoich ag lonrú os do chionn
agus tú faoi riastradh le sábh agus le tua
is fiafraím díom féin an tú Patroclus nó Hephaestion?

xxxvi

Shílfeá agus mé 'do mhóradh, a chroí, nár lonnaigh mo shúile
ar na huafáis: ar na milliúin a creachadh in ár
na Síre, ar chnámharlaigh an ocrais in Éimin, ar dhíothú
na Rohinga, ar dhiabhalsmacht Isis, ar a bhfuil leagtha acu ar
lár

d'oidhreacht an duine, ar dhídeanaithe ag tabhairt faoi fharraigí
míthrócaireacha na Meánmhara, ar bhaothghlóir an rachmais,
ar dhaorbhroid an chiníochais, ar a bhfuil feicthe agam, a chroí,
d'aighnis teaghlaigh, de dhéanamh díoltais, de lucht an
mhioscais.

Ach, a chuid bheag den tsaol, deirim seo leat glan ó mo chroí,
nach bhfuil mairg ná méala, nach bhfuil doilíos ná dólás
nach dtéann go beo ionam óir is tusa mo Rohingeach ag éalú
ón ár, mo Shíreach ar fán gan dídean is m'Éimineach óg gan
dóchas.

xxxvii

Ní ó ardaibh na Glóire a thig mo shlánú
ach uaitse, ó ghrásta do ghrá,
ó thiolacthaí do phóga, ó lánloghadh
do leapa, ó shuáilcí diaga do bhriathra.

Ní ar Mhac Dé ar chrann croiche a chéasta
a iarraim maithiúnas gach lá,
ach ortsa, a iompraíonn crois throm seo
ár gcumainn le gean agus le grá.

xxxviii

Féachfaidh fir óga air agus déarfaidh siad
'Siúd é, céadsearc an fhile, an té a ghráigh sé
os cionn cháich, an fear úd lena bhata siúil, an aois
ina luí air anois. B'eisean, tráth den tsaol, a ba deise

is a ba dóighiúla de bhuachaillí breátha na háite.
Rúnpháirtí an fhile, b'eisean mian agus dúil a chroí'.
Agus dearcóidh siad air le súile dúilmheara na hóige
agus tchífidh siad é mar a chonacthas don fhile é faoi lí
    agus ghnaoi

na háilleachta, dealramh na gréine ina ghnúis dea-chumtha;
agus samhlóidh siad a cholainn chneasdhonn, a ghéaga
téagartha, a cheann catach agus a bhéal déadgheal
díreach mar a chan an file. Agus na buachaillí seo sna déaga

na buachaillí caoine ceanúla seo i mbroid a mianta,
géillfidh siad d'éileamh na colla agus do theas na fola,
agus muirneoidh siad a ghéaga, pógfaidh siad a bhéal,
sásóidh siad iad féin ar chumraíocht atá chun a dtola.

xxxix

Do ghruaig chatach dhonn
  agus muid ag suirí –
Tonn ag teacht i dtír
  ar thrá an Fhál Charraigh.

Blas milis na meala
  ar gach uile bhall
de do chneas. Mil fraoigh
  an fhómhair ó Mhín na nGall.

Fad mo radhairc uaim
  ó bhuaic seo do chinn
tá amharc sléibhte agam
  ar ucht, malaidh agus gualainn.

Do cholainn aoibhinn álainn
  seo fearainn m'ansachta,
tír thalaimh mo dhúchais,
  cúis spreagtha mo rachta.

xl

An grá leatromach seo, grá gan sásamh,
  masla do Dhia, a deir tú, is a dhlí,
tú féin is minice a chanann é seo,
  argóint atá ar bheagán brí

Is muid ar leabaidh luí na seirce
  ag déanamh spraoi le chéile;
gan aon aithne ag damnú d'aigne
  ach tú 'do chur féin i gcéill

go dúilmhear, duáilceach, drúisiúil,
  go dtig aithrí ort le haithint lae.
Mar bhró mhuilinn faoi do mhuineál,
  tchím broid is pianpháis i do ghné.

'Is gearr do ré,' a deir tú liom, 'mar thruaill chré,
  cuir as do cheann an chollaíocht
is gheobhaidh tú síneadh saoil
  is sásamh gaoil sa tsíoraíocht.'

A fhir álainn, ná bí ag séanadh an tsaoil
  nó pléisiúir dhian' ár gcré;
is ná bíodh do shúil leis an bheatha shuthain,
  ansiúd níl dúil bheo ná dé.

xli

I do bheál bog tais faighim
blas na cré is blas na bpréamh
ó mhínte is ó mhóinte an tsléibhe
mar a bhfuil an fás go tréan.

Póg ar phóig téim ar thuras
i mbithchríocha do shúile
mar a bhfuil réalta is pláinéid
is lánsásamh mo dhúile.

xlii

I dtír úd an tséin nach againn a bhí an uain;
gealach agus grian, ár gclocha míle, a mhian,
ár dtabhairt ó thaitneamh go taitneamh, is ó shásamh
go sásamh i gcríocha nárbh eol dúinn an rian.

Bhíomar óg is ba linn an uain, bhí goradh na gréine
i dteas ár bpóga agus borradh an tsamhraidh i mboige
ár mbarróga. Ach tháinig an smoladh ar thír úd an tséin
nuair a spréigh an aois thar aoibh ár n-óige.

xliii

Tá am agus aimsir imithe tharainn, a chroí,
naoi mbliana fichead i dtrátha an ama seo
ó scar muid in achrann agus i mbruíon gan bhrí,
ach do dhul uaim, bhuair sé mé go beo.

Inniu ní cuimhneach liom aon ní a dúirt tú
ónár gcomhrá beag caoithiúil ó lá go lá
ach is cuimhneach liom do bhéal is do bheola....
D'fhan do phóga san áit nár fhan d'fhocla.

Naoi mbliana fichead de chaill, de bhriseadh croí,
scartha ón té a ba chaoimhe dá bhfaca mé riamh.
Ní tráth é seo le rún a chaomhnú, a ghrá,
níl lá nach mothaím do chroí ag preabadh faoi mo láimh.

xliv

Duitse, a dhiúlaigh, níl i gcumann mar seo ach clár sobail,
spraoi éadromchroíoch nach dtugann aon dúshlán;
seal faoisimh ó bhrú oibre is ó do bhean chéile,
caidreamh nach dtéann thar cholbha na leapan.

Ar mhaithe leat féin cuireann tú dath agus craiceann
ar gach scéal agus tú ag déanamh sochair as gach dochar.
Níl spéis agat ach a bheith ag dul i mbreis is i bhféinspéis,
stainnín i lár an mhargaidh, tá súil amuigh agat do gach sochar.

Dhéanfá cíos dubh a chur ar bhabhta pléisiúir,
luach agus ráta malairte ar mheangadh gáire,
saor-reic ar dhílseacht. Duitse, níl i ngeanúlacht ach gnó súl
le luacháil is le buntáiste a bhaint as, a dhuine gan náire.

Ach bíodh a fhios agat seo, a phleidhce, ní earra saor-reice
ar bith mise ná sladmhargadh sráide. Bí ar shiúl as mo radharc!
Níl luí ar bith agam leat nó fonn orm do ghunna craois
a ligean. Gread leat le do chuid púdair is le d'adharc!

xlv

Ní cuimhneach liom d'ainm ná do shloinneadh,
d'fhocla ceana tá siad imithe as m'aigne;
ní cuimhneach liom a dhath ach do phóga,
do phóga teasaí ag dul tríom ina gcraois tine.

xlvi

Thug tú domhsa fíorghrá, grá nár éiligh cúiteamh,
nár choinnigh cuntas, nár leag cíos, nár cháin, grá
mórchroíoch, fial agus fairsing agus lán d'fhéile,
grá a tugadh gan ghearán agus tú féin faoi chrá.

I gcónaí chuirfeá *tika* dearg an áidh ar chlár m'éadain
agus chasfá scairf bhán an tséin fá mo mhuineál;
orthaí seanársa do muintire le mé a thabhairt slán
is dhéanfá guí nach mbeinn riamh i bpéin ná faoi néal.

Cuimhním ort inniu is mo chuid bratacha urnaí ag sní
is ag guí i mbéal na gaoithe, ag scaipeadh ar an aer, *mantra*
ámharach an Bhúda, an *mantra* céanna a scaip tú féin
agus tú i do bheatha; *mantra* dea-mhéineach an ghrá.

xlvii

Chan mé d'ainm, a ghrá,
i dteangaidh nach dtuigeann tú
is mhol mé d'áilleacht
i ndán nach léifidh tú

go brách, ach nuair nach mbeidh
trácht ort ná iomrá
i measc do dhaoine féin,
do chnámha ligthe ar lár

i gcré nach bhfoilseoidh
aon fhocal de do scéal,
beidh cuimhne ort is plé,
beidh tú ainmnithe i mbéal

mo dháin, taiscithe go buan
i dteangaidh uasal mo dhaoine;
is cé nach mbeidh do chnámha
sínte liom san úir chaoin,

ní bheidh muid gan aithne,
luífidh muid le chéile, a ghrá,
focal ar fhocal, d'ainmse dlúite
le m'ainmse sa dán seo go brách.

xlviii

Aoibhinn liom míne shíoda do chraicinn,
an luisne i do ghéaga, d'aigne shéimh shochmaidh,
teas na hóige ag sní ionat go teasaí, a dhíograis,
is tú i do luí liom, cneas ar chneas, sa leabaidh.

Lá éigin dhéanfar tú a shnaidhmeadh
le bean chéile in éadan do thola.
Caillfidh tú do ghné, diaidh ar ndiaidh.
Imeoidh an teas as do chuid fola.

Ach anocht, a mhian, a leannáin ró-álainn,
móraim gach uile bhall de do chorp
agus tugaim ómós is adhradh duit i véarsaí
agus mé faoi gheasa grá ag féachaint ort.

Is cuimhneofar ort. Beidh buachaillí is fir óga –
do chorp meallacach á thaibhreamh acu, a ghile –
á gcur féin i leabaidh an fhile go beoga
is iad ag muirniú do ghéaga is do bhaill go huile.

xlix

Níor ghá do thaithí a bheith aige ar mhná,
a dúirt sé, ná fios collaí ar a mbaill bheatha,
is níor airigh sé uaidh a mbuanna banúla,
bhí siad siúd ina dhúchas ó thús reatha.

A inscne féin is bua na hinse ar an nádúr úd,
ba sin, a dúirt sé, a dhua gach lá is fáth a dháin;
chan cúis aiféala dó nach raibh sé mar chách:
ba é an grá seo a d'fhág a ainm anois sa Táin.

1 TRÍ SPLÉACHADH AR CHAVAFY

Tchím ansiúd é ina sheomra i Rue Lepsius, é ina shuí
i gclapsholas na gcoinnle agus na lampaí ceirisín;
toitín ina bhéal agus dán ag fabhrú ina intinn,
gach focal á mheá aige go cruinn agus go mín.

Néalta toite ag sní os a chionn mar na neacha
a thig as a thaibhreamh, na pearsana cianársa seo
atá ag teacht ina láthair anois ina nduine is ina nduine
agus iad ag éileamh teangaidh bheo agus treo,

Lena mbeatha rúnda a fhuascailt ó sheanchuing
na cinniúna i gcúirt an dáin. Tá an uain faoi réir
agus is annamh riamh é gan a bheith san aimsir chian
ag rianú an tsaoil úd is á thabhairt chun léire.

Na ríthe agus na himpirí, na huaisle agus na hísle,
an mór i gcuimhne agus an beag gan aithne.
I bhfaonsolas na gcoinnle eisean an ceann réitigh,
an té a íslíonn a ngal nó a bhuanaíonn a gcuimhne.

Baothghlóir na dtreán agus glóirmhian na dtrua,
tá sé de bhua aige breithiúnas a bhaint astu
gan iad a shaoradh is gan iad a shéanadh
ach a dtoil chlaon a mheabhrú is a thuairisciú.

Ach anois i ndiaidh an iomarbhá reatha seo
leis an bhás is leis an bheatha, tá anáil aeir uaidh
ó bholadh thromaosta an tseomra is ón chianstair.
Seasann sé amuigh ar an bhalcóin ag breathnú uaidh

Ar an chathair ársa seo is ansa leis ina chroí.
Tá an dorchadas ag titim is mothaíonn sé ina chuid fola
glaoch mhealltach na hoíche. Ar ball bhéarfaidh sé a aghaidh
ar dhrabhlás na sráide agus ar ghleo na colla.

li

Seo an seomra, an seantroscán míndéanta, taipéisí ar na ballaí,
táblaí beaga gleoite ar fud na háite. Faoi léas rúin
na lampaí ceirisín tig luisne dhiaga ó na soithí práis
agus ó na babhlaí copair agus é ina shuí ag cur a dháin i dtiúin.

Consaeit aige do féin; a chuid éididh smolchaite ach néata,
Snua ungtha ar a aghaidh, dath ina chuid gruaige.
De réir dealraimh ní seanfhear atá ann ach buachaill
a chuaigh in aois is atá ag iarraidh breith arís ar a óige.

Tá'n suíomh lena mhian. Ar an urlár íochtarach tá teach
    striapachais
leis na mianta a shásamh. Os a chomhair amach
tá Naomh Saba, an eaglais Phaitriarach, le peacaí a mhaitheamh.
Thart an coirnéal tá ospidéal le breith agus le bás a réiteach.

lii

Tá a aigne lán de scáilí diamhra na staire
is é ag iarraidh an tsíoraíocht is dual dá gcnámha
a thabhairt daofa ina dhán. Ach anocht chinn air
a gcríoch is a gcinniúint a iompar idir a lámha.

Tá gleo beo na beatha á mhealladh óna dheasghnátha.
Tá a mhianta á ghríosadh, tá teas ina chuid fola;
an bhraistint ghrinn agus síneadh righin na hintinne,
chead acu anocht agus é sa tóir ar shásamh na colla.

Seo é faoi choim na hoíche, fuadar aerach ina choiscéim
agus é ag leanstan a chlaonta rúin i gceathrú an phléisiúir;
á dhílsiú féin leis an dorchadas is le buachaillí a dhúile,
ag baint sú as saol a mhianta sula dté sé san úir.

liii

Phioc tú pósae bláth domh i gCaiseal na gCorr
dhá scór bliain ó shin agus muid ag siúl le chéile;
Lus an sparáin, airgead luachra agus slat an óir,
ag súil, a dúirt tú, go rachadh siad chun sochair don fhile.

Tá siad agam go fóill, taiscithe i gcóipleabhar scoile.
Ortha an áidh. Agus cé nár cruinníodh liomsa aon stór,
meabhraíonn siad domh nádúr rúnda na mbláth, an éigse uile
atá cnuasaithe i lus an sparáin, in airgead luachra agus i slat an óir.

liv

An samhradh adaí. Samhradh síoraí na hóige!
Gan aird againn ar am ná ar aimsir. Oíche agus lá!
B'ionann iad dúinne i dtír álainn an scéil
agus an tsíoraíocht againn i mbaclainn ár ngrá.

Ba linn na hiontais. Shiúlódh na blátha chugainn
ar a gcosa cumhra. Dhéanfadh néal beag a bhéal
a fhliuchadh i linn ár ngrá. Thigeadh cúr na trá
chugainn fillte i bhfeamainn. Ár bpósae glégheal.

lv

I mo shuí anseo sa gharradh bheag
siar ó thóin an tseantí,
mothaím anáil throm an lustain
ag éirí chugam i ndiaidh na báistí.

Ag éirí chugam go meallacach,
agus cuimhním ar na hoícheanta ceana
a chaith muid anseo go suáilceach,
sú na hóige, a chuisle, ag éirí ionainn.

Agus mothaím arís an mus lusach
a d'éireodh ó do bhaill bheatha
agus muid dlúite le chéile, an garr úd
a thigeadh asat ar bharr amháin creatha.

lvi

Méin na gréine
i do gháire séimh, luisne
na Bealtaine i do chomhrá chaomh
agus tú le mo thaobh.

Ar an chosán cúil
ab iondúil linn a shiúl
fríd mhín is fríd mhóin
cúig bliana fichead ó shin.

Ach d'imigh an luisne
as d'aoibh, as do chomhrá chaomh,
is cailleadh an cosán
i bhféar agus i bhfraoch.

lvii

Anocht líonfaidh an spéir le réalta gliondair,
éireoidh gealach bhuí os cionn Agadir,
beidh cumhracht *jasmine* á iompar ar an aer,
tiocfaidh leoithne ón tsáile chomh caoin le do mhéar;
beidh gach ní mar a bhíodh is muid le chéile anuraidh,
gach ní ach amháin nach mbeidh tusa liom, a chroí.

Tá tú i bhfad ó dheas ar imeall an fhásaigh
is tá mise anseo in Agadir a' do chrothnú, a chroí.
Tá an ghaoth ag déanamh bánaí-bánaí le blátha an *bougainvillea*
sa gharradh seo inar ghnách linn suí faoi sholas na gealaí,
ach ní seo an ghaoth chéanna a las ár mianta is a d'fhadaigh
ár ngrá. Ní dán don ghaoth sin a theacht arís go brách.

Do gháire croíúil, do ghlór caoin – cluinim iad go soiléir
is mé ag gabháil fríd na bailte gréine seo
ina mbíodh muid go súgach anuraidh
Bensergao, Cheera, Inzegane, Ait Melloul.
Luaim iad, ceann ar cheann, logainmneacha an cheana,
liodán an ghrá, an t-amhrán a iompraim i mo chroí.

Anocht ní mhothaím do chroí ag preabadaigh
faoi mo láimh;
Anocht ní mhothaím ach rithimí tochtacha
an dáin ag teacht go támh ...

Ar an Traein go Carthage

CARTHAGE: AN FILE I MEASC NA MBALLÓG

do Garry Bannister

1

Níl ann anois ach conamar cloch agus ballóga,
na tithe is na teampaill briste agus bearnach;
a mhéid, a mhaise, a mhaorgacht ríoga
tite go talamh; a ré i gcré
i ndiaidh ár agus bruíon agus cogadh.
Sa tsamhlaíocht amháin a mhaireann Carthage,
caomhnaithe i bhfilíocht Virgil is i bprós Livy.

Ní raibh a chosaint riamh i mballaí arda
ná i mbábhúin; i gcrios bheannach na gcnoc
ná i móta mór na mara.
Ní raibh a shábháil i sluaite seasmhacha
ná i mbród catha na n-óg.
Sa tsamhlaíocht amháin a bhuanaíonn Carthage,
caomhnaithe i bhfilíocht Virgil is i bprós Livy.

Inniu féin, tá Dido ag tabhairt a cathair is a croí
d'Ainéas, laoch longbhriste na Traoi;
is tá Hannibal ag déanamh a ghaisce catha
ag trasnú na nAlp lena thrúpa eilifintí;
is tá Hadrian, an tImpire, ag ísliú seoil sa chuan.
Sa tsamhlaíocht amháin a aimsítear Carthage,
caomhnaithe i bhfilíocht Virgil is i bprós Livy.

2

Anois is mé ag siúl i measc na mballóg,
mo cheann lán de shaíocht na háite,
taibhsítear domh gur Rómhánach i gcarbad
an siorradh gaoithe seo atá ag géarú tharam.

Tá ciflí bána ceo ag bogadh isteach ón tsáile
ag gluaiseacht go grástúil ar aer chumhra an tráthnóna.
Déithe de chuid an tseanreachta iad go deimhin.
Umhlaím mar is dual is tugaim altú dóibh go cóir.

Ar mo chlé tá seandálaithe ag tochailt sa chré,
ag gabháil ó shraith go sraithe go fadálach,
ag tiontú na staire go fuarchúiseach, ag taighde feasa.
Ag mo chosa léimeann na hearca ó ré go ré.

SIDÍ BOU SAID

do Alan Titley

1

Má b'ann daofa riamh
grianbhrugha Diaga na Gréige,
seo ceann acu go dearfa!

Ina ghile is ina ghoirme
suite go sámh ar aghaidh na gréine,
nach álainn a ghné!

Cuan aoibhnis os a choinne -
léinseach réidh órga go Túinéis,
bealach loingis ón tseanré.

Sheol Ainéas na huiscí seo
ar a shlí isteach go Carthage
tar éis bhrisleach na Traoi.

Inniu luíonn gal gréine
ina luan ghlórmhar os a chionn.
Seo tearmann an tsolais!

Anseo ní aithním an aois
i mo chnámha ná aon ní gránna
ag déanamh gruaime i mo ghnúis.

Anois is mé ar mo shlí
caochann lus na gréine orm,
a shúil aibí lán de chroí.

Is buachaill beag na mbláth
labhrann sé liom go cumhra
i dteangaidh na seasmaine.

Is ag ceann na cearnóige
tuirlingíonn coileach péacóige
le spréach a chur i mo dhán.

Is tig borradh na hóige
i mo chuislí, i mo shamhlaíocht,
spreagtar mé le dánaíocht;

Is mé ag féachaint na farraige,
muir fhíondhorcha na bhfilí
a thug gríosú do na heipicí.

2

Ach ní féidir fanacht ann.
Tá saol eile 'mo thapú anonn.
Saol reatha na beatha

Nach féidir liom a shéanadh.
Is ach oiread le hAinéas
a thaithigh na cladaí seo,

Áit a bhfuair sé suaimhneas
agus síocháin i ndiaidh na Traoi;
ach níor dhán dó cur faoi

A dhéanamh ann ná síolrú.
Bhí críocha cianda le cloí,
déithe le sásamh, an Róimh le tógáil.

A dhálta sin, fágfadsa fosta
an t-aoibhneas seo cois cósta
agus cé nach aon Ainéas mé,

Tá an chinniúint i mo dhiaidh, Bé
nach dtig a chur dá treo
ach nach sin cás gach beo!

Imeod faoi chian is faoi chumhaidh,
ach ní caoi domh, ní dán domh,
an díonú só seo i nGrianbhrugh.

Ní linn an saol ach seal.
Tá gealltanais le coinneáil, obair le críochnú,
déithe beaga na héigse le sásamh,

Sula dtig an chríoch dhéanach.
Ar an traein deireanach go Carthage
bainim sú as úll gráinneach.

Sa Túinéis

An *murzzin* ag glaoch –
tig an fharraige i dtír
ar neamhchead cáich.

Cleitearnach na bhfaoileog –
anáil bheag ghaoithe
i mbrothall an lae.

Le breacadh an lae
an *murzzin* ag iomaíocht
le scairt an choiligh.

Solas seo na maidine
ag sní thar na hológa –
an loinnir i d'fholt.

Saor óna fear céile
ligeann sí anuas a caille –
nochtann an ghrian.

Ar an traein go Carthage
suíonn Dido os mo choinne –
Lonely Planet á léamh aici.

Conamar cloch agus ballóg
An mó fear óg
A cailleadh lena chosaint

Dual ar dhual, í ag cíoradh a cuid gruaige
Amhail is dá mbeadh sí ag seinnt ar théada.
Tugann gaoth ón tsáile tionlacan di.

Murúch Fir

Tháinig sé chugam ar an tsáile,
ard, seangálainn, aigeanta,
braonta solais ag sileadh leis,
scothóga feamnaí faoina mhása,
an tonn gheal ag a chosa.

Murúch fir as an duibheagán,
muirn is meadhair na dtonn
ag cuisliú ann, lí na bpéarlaí
ina chraiceann slíoctha donn,
a chluasa mar na muiríní.

Mo mhuirnín, mo mhurúch ionúin,
a tháinig i dtír i mo líonta,
tchím go fíor a dhúchas aigéanta,
na míolta mara is na rónta rúin
atá ag iomlasc ina shúile.

Le gean is le cumhacht an ghrá
rachaidh i dtaithí ar thalamh tirim
ach lena chló, cuirim faoi cheilt
i bhfratacha an tí, a chochall draíochta:
Dá n-imeodh sé bhrisfí mo chroí.

Na Clocha is na Carraigeacha

do Paddy Bushe

1

Amanta labhrann siad
go neamhbhalbh
i dTost.

Tigeann siad astu féin
i gcnead
a scoilteann iad.

2

Ná síl go bhfuil siad
ina gcnap chodlata
leis na cianta.

Tá céad spréach na cruinne
á gcoinneáil go síor
ina ndúiseacht.

3

Na clocha greanta seo -
iarmhar na glóire,
fuílleach na caithréime!

Tá buaine iontu
nach raibh riamh sa duine
a dheasaigh iad.

4

Leagaim mo lámha orthu,
á gcuimilt go ceanúil;
a gcuislí ársa,

Is screamh chnámhach
a gcraicinn
ag téamh faoi mo mhéara,

Ag brú dáimhe orthu
I ndúil is go ligfidís
a n-aithne liom

Agus a gcuid Rún.
Ach na clocha stuama seo
fanann siad ciúin,

Cuachta i dtost chianach
nach ngéilleann d'fhocla
ná a gcuid faisnéise.

5

D'fhoinsigh siadsan fosta
as an Bhriathar Spreagtha
a thíolaic is a thiomáineann

Dán glórmhar na Cruinne;
Iadsan na consain chruaidhe
i measc bhog-ghutaí an uisce.

6

Corroíche is an spéir
ag drithliú ina caor thine
os a gcionn.

Tig cumhaidh orthu
ag cuimhneamh ar Ré
phléascach a n-óige.

Is mar a d'fhuaraigh
an mianach iontu
le haois.

7

Ní gá duit gáire
a dhéanamh ná gol.

Níl aon ghleo ionat
le tú a choinneáil

Ó do shuí chlochrighin
ar do mharana bhuan.

Tá tú istigh leat féin
gan súil is gan fuinneog.

Ní gá duit síneadh
as do dhlús féin

Le sásamh a fháil
mar a dhéanann crann,

Mar a dhéanann duine.
Maireann tú go teann

I do mhianach féin.
Ní thiocfaidh sé riamh

De mhian ort athrú
is a mhalairt a shantú.

8

Anseo tá bhur ndúlsáith
agaibh de chiúnas

Le sibh a choinneáil
cothaithe san uaigneas.

9

An domhan teann
ina mbuanaíonn sibh

Níl boige ann ná sní,
níl crith ann ná cuimhní

Ach tá seasmhacht ann
thar acmhainn an duine.

10

Le d'aoibh mharánta
atá chomh snoite le cnámh,

Is fada tú ag feitheamh
leis an bhéic thíoránta

A d'ardódh a bhfuil ionat
ó thalamh is ó thámh.

11

Fuadaíodh tú ón tSliabh
i ré mhórshní
an oighearshrutha

Is caitheadh tú i leataobh
i log na hAbhna
i dtalamh deoranta

Is mhair tú ann i d'aonar
'do chlúdach féin
le crotal is le caonach.

Ach féachann tú go cumhúil
san aird ó thuaidh
ar do chríocha bunaidh

Is crothnaíonn tú go buan
an Mháthair charraig
as ar foinsíodh thú.

12

Ní bhainfear asat go deo
an cruas seo
atá ionat ó dhúchas

Is ní chuirfear thú
as do dhóchas
go bhfuil tú bithbheo.

Is cé go meilfear go mion
a bhfuil ionat
i muileann na haimsire

Ní chuirfear riamh ar ceal
do chruacht docht –
Sin d'anam geal –

Go fiú agus tú spíonta
i ngraibhéal,
i ngaineamh, i ngráinníní dusta

Beidh an chruacht seo leat
trí shaol na saol
is isteach sa tsíoraíocht.

Caoinim an Traona nach gCluintear i Mínte an tSléibhe Níos Mó

do Sheosamh Mac Muirí

Anocht crothnaím garg-ghlór glórach an traona,
an t-éan úd a chuir gleo i ngoirt na hoíche.
Lena ac-ac charsánach, lena theangaidh iathghlas
iasachta, spreag sé oícheanta samhraidh m'óige.

Sa bhreacsholas chaoin roimh ghealadh an lae
shiúlfainn amach fríd na goirt is na cuibhrinn
i ndúil is go spreagadh bard beo na camhaoire
an dán a bhí ag teacht chun cinn i m'intinn.

Anocht crothnaím garg-ghlór glórach an traona,
an t-éan a mheanmnaigh ár gcuid samhraíocha fadó;
bánaithe anois as na mínte féaraigh ina mbíodh a ghleo.
Is ach oiread le m'óige, ní móide go bpillfidh níos mó.

Caoinim an Scrios atá Déanta Againn ar an Dúlra

Caoinim saol na ndúl is a bhfuil i mbaol sa nádúr
an t-aer os ár gcionn, an talamh faoinár gcosa,
an t-aigéan as a dtáinig muid, áitreabhaigh na dtom,
éanacha na spéire, na hainmhithe sa lom,
an chuiteog is an crann, an bradán is an bheach.

Tá an dúlra in anchaoi agus curtha thar a dhícheall
ag míchleachtais ár réime, ag dúshaothrú gan bhrí.
Ar son brabúis is sochair rinne muid an nádúr a ídiú.
Bhris muid na geasa. Bhain muid an bhrí as na hacmhainní.

Tá an chruinne seo a chothaíonn muid curtha dá cothrom.
Ar ball ní bheidh díonadh ar bith ón ghréin
ach í ag tonnadh teasa orainn i gceas triomaigh.
Beidh muid múchta ag aer nimhe, ag sceitheadh gaile
is tiocfaidh an tonn tuile thar chathracha is thar chladaí.

Ag Caoineadh na gCuiteog

I m'óige agus mé ag gabháil ag iascaireacht
bhíodh cuiteoga le fáil go flúirseach
i dtalamh bán agus i dtalamh oibrithe.
Ní raibh le déanamh agam ach an spád
a chur i mbarrfhód an Gharraidh Bhig,
lán spreibe de chréafóg a thógáil as
agus b'annamh nach mbeadh rogha dheas
de chuiteoga ag lúbarnaigh ann go líonmhar.

Anois is mé ag rómhar sa gharradh chéanna
ag tiontú na cré ar mhaithe le hithreachas,
is minic nach gcuirim cuiteog ar bith in uachtar.
Tochaltóirí beaga an talaimh a dhraenáil i gcónaí
bunchré agus barrfhód, leasaitheoirí na hithreach
a chuir spionnadh sa chré lena gcuid sní,
tá siad imithe as is an talamh dulta i mbochtanas
de dhíobháil a gcúraim is a ndúthracht'.

Is cuid dár gcomharsanacht na cuiteoga seo,
bunstoc na cré, dúchasóirí na hithreach,
tá an ceart céanna acu a bheith beo
ar an phláinéad seo is atá againne.
Créatúirí gan urchóid, d'fheall muid orthu!
Le nimh lustain is le ceimiceán fáis
rinne muid scrios orthu i sléacht nimhe ár linne.
Goilleann a gcás orm, goineann a mbás mé.

Cuimhním ar na cuiteoga a d'fheistigh mé
go míthrócaireach ar mo dhuán is mé óg
is baintear de mo chothrom mé …
Tá lámh agam i mbás na gcuiteog!

THÁINIG SIAD Ó NA DÚCHRÍOCHA

1

Tháinig sí chuige
I mbolg an bheithígh bhréagaigh;
ár léithe ina gáire.

Tháinig sí chuige
saigheada nimhe ina súile;
sceana ina cuid cainte.

Tháinig sí chuige
faoi airm agus éide an chatha;
cúis bhréige ar a béal.

Tháinig sí chuige
is loisc sí cathair a dháin
le tinidh na ceilge.

2

D'ordaigh siad do
uaigh a fhoscailt
ionas go dtiocfadh leo
é a sháthadh síos
beo.

3

Thóg siad a mbeatha
is a bhfuil acu
    ar shalachar

Siúd ina suí iad anois
ar pholl miodamais
    a gcuid caca.

4

Le feacadh glúin, le hardú súl,
tugann sé altú, mar dhea,
  do dhia na ndúl.

Cleachtann sé béalchráifeacht
agus soiscéal glas an leasa
  ar mhaithe le stádas.

Ach níl ann ach bréagaithris.
Ní thig a dhath óna chroí
  ach amháin féinspéis.

Is inné le tréan mailíse
thacht sé an ceol, an siansa diaga,
  I mbéal an smólaigh.

AG BREATHNÚ AN TSOLAIS IS MÉ AG SIÚL SA TSLIABH

do Reuben Ó Conluain

An tráth seo bliana, mí shuaithinseach na Samhna
agus mé ar mo mharana ag Abhainn Mhín an Mhadaidh
bím faoi gheasa ag solas siúlach an tráthnóna
ag tuirlingt ar phortaigh loma an gheimhridh.
Is geall le taispeánadh é, an spré solais seo
a bhogann go glórmhar thar mhín agus mhullach.
Shamhlófá gur neach diaga atá ann, dia beo na ndúl
agus é sa tsiúl go maorga mórthaibhseach.

Na portaigh ruadhonna seo ó Phrochlais go hAltán
agus iad faoi ghlóir an tsolais, seo tinidh bheo Mhaoise
gach tomóg féir, gach tortóg fraoigh, achan ardán
agus ísleán ina lasair dhiaga lánlíofa le gaois.
I mo shuí i mbreithiúnas orm féin, táthar a' rá i m'aigne
'Tabhair teangaidh don tSolas is ná cuir an fhírinne as aithne.

Rún Buíochais

Ba mhaith liom mo bhuíochas ó chroí a chur in iúl d'Ealaín na Gaeltachta as sparántacht a bhronnadh orm in 2018 agus mé i mbun an tsaothair seo. Is mór agam a dtacaíocht agus a gcuidiú thar na blianta. Tá ealaíontóirí na Gaeltachta go mór faoi chomaoin ag Ealaín na Gaeltachta as a ngníomhaíochtaí agus a gcinnireacht i gcur chun cinn cúrsaí ealaíne agus iad ag déanamh cinnte go bhfuil stádas agus seasamh ag aos na héigse ina ndúiche féin. Mo bhuíochas le Micheál Ó Fearraigh agus le Séamus Ó Gallachóir.

Ba mhaith liom mo bhuíochas a ghabháil fosta le mo sheanchairde Seosamh Mac Muirí agus Reuben Ó Conluain a raibh lámh nach beag acu sa tionscnamh seo, á ullmhú, á cheartú is á chur in ord agus in eagar. Bíonn a gcomhairle i gcónaí fiúntach agus fónta. Ar bhealach amháin nó ar bhealach eile is fada iad beirt ag plé le mo shaothar. Go raibh maith agaibh.

Tá mé iontach buíoch de Sheán Ó Gaoithín as an obair ealaíne atá curtha ar fáil aige mar chuid lárach den tsaothar seo. Ach lena chois sin tá mé buíoch de as a chuideachta, as a chomhrá spreagúil agus as an eolas sonraíoch ar an dúlra a roinneann sé liom go fial. Tá sé ina údar ar an ábhar áirithe sin.

Tá mé faoi chomaoin le blianta fada ag Alan Hayes agus Arlen House as a dtacaíocht i gcúrsaí foilsitheoireachta. Is mór agam a bheith luaite ar liosta a gcuid údar.

Tá mé fíorbhuíoch de *Comhar* agus de Tristan Rosenstock as cuid dá bhfuil anseo a fhoilsiú. Agus fosta de *Poetry Ireland*.

Faoin Ealaíontóir

An príomhgharradóir i bPáirc Náisiúnta Ghleann Bheatha. Cáil ar an obair chothabhála agus chaomhnaithe atá déanta aige le blianta anuas i ngairdíní stairiúla an chaisleáin. Péintéir cumasach agus teagascóir líníochta. Altanna ar chúrsaí dúlra curtha i gcló aige. D'fhoilsigh sé *Lugh na Bua/ The Deliverer*; in éineacht le Cathal Ó Searcaigh agus Seán Fitzgerald (Onslaught Press, 2017). Spéis mhór aige i saíocht na nDraoithe. As Baile Átha Cliath é ó dhúchas, cónaí air anois i gCloich Cheann Fhaola, i dTír Chonaill.

Faoin Údar

Ar na leabhair is déanaí uaidh tá:
Teach an Gheafta, úrscéal (Leabhar Breac, 2018)
The View from the Glen, aistí i mBéarla (The Onslaught Press, Oxford, 2018)
Teanga na gCorr, filíocht (Arlen House, 2018)
Crann na Teanga/The Language Tree, filíocht (Irish Pages Press, 2019)
Rocabillie Balor, ceoldráma (The Onslaught Press, 2019)

Tá sé ina bhall d'Aosdána.